AF296196

Samedi 28 Janvier 1893
PRIX — 1 Franc
(Conserver la couverture)
L'ÉCOT DE
L'ÉCHO DES ÉCOLES
FÊTES UNIVERSITAIRES DE BORDEAUX
BAL DES ETUDIANTS
Vendu au Profit des Pauvres
Imprimerie-Lithographie GAGNEBIN, Bx.

SOMMAIRE

Aux éminents écrivains et artistes qui, pour cette œuvre de Charité ont bien voulu nous prêter leur précieux concours, nous adressons, avec nos remercîments les plus chaleureux, l'expression de notre vive reconnaissance. Ils ne regretteront certainement pas d'avoir un instant délaissé leurs travaux ordinaires, pour ajouter quelques pages charmantes à cette modeste publication.

Les Étudiants de Bordeaux en garderont un précieux souvenir.

Au nom des Pauvres, au nom de la Jeunesse de nos Écoles, nous remercions tous les collaborateurs qui, spontanément, ont joint au nôtre leur écot.

FÊTES UNIVERSITAIRES

NCORE des fêtes Universitaires ! » J'ai entendu tomber cette parole sévère, il y a huit jours, de la bouche de l'un de nos plus distingués professeurs. Oui, mon cher maître, nous donnons encore des fêtes, — le croirait-on à notre âge ! — et nous nous permettons de vous y convier. Vous y assisterez, j'en ai la confiance, parce que vous nous aimez beaucoup et que votre absence nous contrarierait, et aussi parce que vous voudrez mieux connaître ces réunions d'Étudiants dont instinctivement on se défie. Je serai sincère... Votre première impression est bien celle que je prévoyais. J'oserai même dire que je la désirais. Nous n'en serons que plus heureux de vous avoir convaincu.

Quelle est donc l'utilité des fêtes Universitaires ? Au dire de quelques-uns, elles arrachent les Étudiants à leurs travaux avant, pendant et une semaine après le voyage, sans autre avantage que celui de leur « faire voir du pays ». J'ai d'autant plus de respect pour cet argument, qu'au temps où mes camarades se rendaient au banquet de Meudon, moi, caporal dans une garnison du Sud-Ouest, je me lamentais sur la brièveté des permissions, et trouvais que les Étudiants en avaient peut-être trop. Et cependant, cette raison est de celles que l'on écarte avec un sourire : elle vaut beaucoup par elle-même. Sa portée est presque totalement affaiblie, si on lui oppose des avantages que je voudrais exposer. Les réunions sont de tradition dans notre pays. Au centre de leurs forêts séculaires, tous les ans, nos ancêtres, les Gaulois, s'assemblaient. Ils pensaient que, sans cette communion périodique d'idées, rien d'utile ne se ferait dans notre pays. Si, franchissant les siècles, nous portons nos regards tout près de nous, nous voyons toutes les grandes corporations tenir des Congrès périodiques. Pourquoi la jeunesse Universitaire, celle qui, mûrie par les leçons de ses maîtres, reçoit d'eux les suprêmes conseils avant d'entrer à son tour dans la lutte, ne chercherait-elle pas à se mieux connaître, à se rapprocher ? Nos amis de Nancy et de Lille, d'autres encore, traversent toute la France pour venir jusqu'à nous.

Que de choses nouvelles ils verront, et combien ce voyage fait à un âge où l'esprit est admirablement préparé à enregistrer d'une manière définitive les impressions reçues, sera utile à leur instruction générale ! Mais ce n'est pas seulement aux personnalités désignées pour prendre part à nos fêtes que ce déplacement profitera. C'est à l'ensemble de la génération qui, encore sur les bancs des Écoles supérieures, sera, dans quelques années, appelée à donner sa mesure. Et quoi ! il n'est pas bien éloigné, le temps, où, de Faculté en Faculté, les fils d'une même cité Universitaire souffraient difficilement leurs rapports. Les Associations ont paru, et cet état d'esprit s'est dissipé. Ces groupes eux-mêmes, fortement organisés dans chaque centre scolaire, sont entrés en relation. Des conseils étaient demandés sur les questions difficiles ; on s'inspirait, dans la constitution d'une société nouvelle, des statuts qu'envoyaient des camarades d'ailleurs dont l'administration était déjà ancienne, par suite expérimentée. Mais, qu'une lettre est toujours froide et incomplète ! Pourquoi n'irait-on pas se voir ? Quelques voyageurs passaient de temps en temps ; ils disaient que là-bas, il y avait un beau cercle, une salle de travail superbe. Chez nous, on n'envoie pas les plans. On se transporte, et l'on juge *de visu*. — Qui donc a dit que l'un des gros avantages de l'homme riche est pouvoir — ne pas lire « *vouloir* » — être agréable à ses amis. La fortune a, jusqu'à ce jour, rarement visité les Associations d'Étudiants, mais, en somme, grâce à la sympathie générale qui les entoure, elles jouissent d'une large aisance. L'égoïsme serait leur plus gros défaut ; elles n'en ont jamais été atteintes. Aussi, avec quelle joie nos Comités lancent-ils leurs invitations à des camarades inconnus. J'ai dit « inconnus ». Nous ignorons, en effet, quels sont les camarades qui viendront de Paris, de Besançon, de Caen, de Grenoble, pour ne citer qu'au hasard nos hôtes de demain. Que nous importe ! Ne sont-ils pas tous de notre grande famille ? Ils sont Étudiants et Français. Voilà un courant établi, irrésistible. Que l'on ne crie pas surtout à la centralisation ! Les Étudiants possèdent à un haut degré le souci des franchises locales ; à côté du patriotisme dont leur naissance leur fait un devoir, se place une affection généreuse pour la ville qu'ils habitent au plus heureux temps de la vie. Que d'encre a fait couler, que de paroles éloquentes a inspiré le projet de loi sur les Universités ! Les Étudiants ne pouvaient se jeter dans la mêlée. Et puis, l'avouerons-nous, eux, du haut de leurs vingt ans, ils peuvent considérer l'avenir comme leur chose. Ils savent qu'un jour viendra où toutes les catégories sembleront étroites et gênantes, où la science ne se laissera plus enfermer dans les cadres qui lui suffisaient avant ses progrès, où, en un mot, les Facultés se fondront dans l'Université. Cette réforme, les Étudiants l'ont devancée. Élèves en droit, en médecine, en sciences, en lettres, ces mots ne sont plus que des prénoms. Étudiants sans épithète, voilà le nom de famille. Tous, nous avons une tâche commune. Nous devons augmenter le patriotisme intellectuel de notre pays. Que nos aînés aient confiance. Sans préjuger de leurs forces, les Étudiants d'aujourd'hui ont conscience de leur devoir. Ils veulent se grouper, se retrouver souvent, et compléter l'œuvre de leurs devanciers en donnant à la gloire littéraire de la France une auréole nouvelle : *la fraternité de tous ses enfants.*

La Charité

L'aumône n'est jamais perdue,
Vînt-elle même des maudits :
Avec cet or sera fondue
La clef sainte du Paradis.

        J. LARRIBAU.

A JULES SIMON.

Sur la rigidité froide d'un matelas,
La Femme Pauvre dort d'un sommeil plein de fièvre.
Le travail était dur, et les membres sont las....
La Femme Pauvre dort, et sa poitrine mièvre
Exhale un son plaintif et triste comme un glas.

Il fait bien froid, ce soir, dans le sombre taudis :
La flamme du foyer depuis longtemps est morte,
Et tandis que le vent, cette voix des maudits,
Passe en tourbillonnant par les trous de la porte,
La Femme Pauvre dort, et rêve au Paradis.

**

Et voici que soudain passa devant ses yeux
Une Vision blanche :... elle vit, dans son rêve,
Une Salle très grande et brillante de feux,
Cependant, qu'en extase, elle entendait, sans trêve,
Le rythme caressant d'un chant harmonieux

Elle voyait passer, enivrés de désir,
Dans le ruissellement des ors et des dentelles,
Des couples enlacés qui couraient au plaisir......
Et la Femme, en la nuit, dardait ses deux prunelles,
Et ses deux bras levés semblaient vouloir saisir.

18 Janvier 1893.

Elle voyait passer, parmi ses visions,
Une cohue énorme, aux apparences vagues ;
Et cette foule avait les ondulations
D'une mer lumineuse, aux innombrables vagues,
Quand passe au ciel, le vol lointain des alcyons.

Et cette mer roulait sans jamais s'apaiser,
Et les flots en étaient brûlants comme des laves ;
Et, de ce flot mouvant que semblait se creuser,
Parfois, pour engloutir de vivantes épaves,
Montait une âpre odeur de femme et de baiser.

**

Le rêve brusquement disparut, comme fond
Le brouillard de la nuit quand le soleil va naître ;
Et, la Pauvre, plongée en son sommeil profond,
Vit une femme étrangement belle, apparaître :
Et cette Femme avait une auréole au front.

Et la Vision dit : « Assez d'adversité !
Femme, tu n'iras plus grelottant sous le givre,
Je veux que cet hiver soit doux comme un été,
Femme, voilà du pain, je veux te faire vivre ;
Femme, ne souffre plus... Je suis la Charité ! »

RENÉ BERTON.
Étudiant en Médecine.

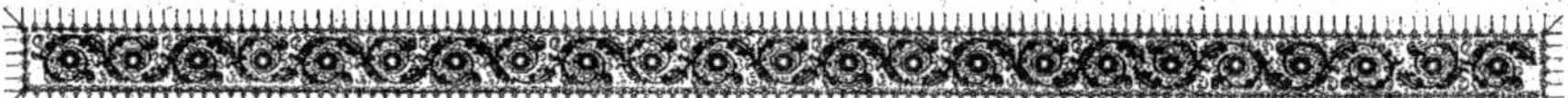

UN VATEL NORMAND

Je ne puis pas vous dire que j'aie fait le tour du monde ; mais je suis allé en bateau depuis le Hâvre jusqu'à Rouen, et il m'est arrivé une aventure dans ce voyage. C'était une course de vitesse entre un paquebot appartenant à une compagnie anglaise, et un paquebot que notre compatriote, M. Normand, l'ingénieur célèbre, venait de construire. Il avait invité une cinquantaine d'amis à monter sur son bord, pour assister à son triomphe. La population du Hâvre tout entière était sur les quais, et nous salua de ses acclamations quand nous prîmes la mer. Nous nous connaissions tous, la mer était bonne, nous avions sous les pieds un bateau magnifique et sur la tête un soleil radieux.

Quand nous eûmes dépassé Honfleur, on dressa sur le pont une longue table somptueusement servie, et nous déjeunâmes gaîment, salués à chaque port par la musique locale et les cris joyeux des riverains. C'était une aimable fête, encore embellie par le sentiment d'une prochaine victoire, car notre supériorité s'était manifestée dès les premières embardées.

J'étais à côté de l'amiral Pâris, qui a été depuis mon confrère à l'Institut. Pendant qu'on buvait le champagne, je vis de petites colonnes de fumée blanchâtre sourdre entre les rainures du plancher. C'était plutôt joli que menaçant ; je m'en amusai quelques minutes ; puis la réflexion me vint qu'en mer il ne faut négliger aucun incident, et j'appelai l'attention de mon voisin sur ma découverte. « Qu'est-ce que c'est, lui dis-je en riant, ? » Il jeta d'un air sérieux la cigarette qu'il avait entre les lèvres, et en me jetant ces mots : « Ne dites rien, le feu est à bord ; » il s'avança rapidement vers la passerelle. Le capitaine descendit à l'instant, ils disparurent ensemble sous le pont, et je m'aperçus que tout à coup le bateau changeait d'allure et que nous nous approchions de terre. Je vis bientôt l'amiral à côté de moi, aussi tranquille que s'il ne s'était rien passé d'extraordinaire. Je tenais à la main une petite malle. « Avez-vous des bagages, me dit-il ? » — « Rien que ceci, » répondis-je, en lui montrant une sacoche que j'avais gardée sous ma chaise, sachant par expérience combien les recherches sont ennuyeuses sur un navire un peu encombré. — « Prenez-la à la main, me dit l'amiral, et tenez-vous avec moi au pied de l'échelle. Il n'y a absolument rien à craindre, excepté un bain pour les retardataires, car on sera obligé de donner quelques coups de pompe. »

— « Je crois, amiral, lui dis-je, que j'ai sauvé la vie aux passagers. — Cela pourrait bien être, me dit-il ; en tous cas, vous les avez dispensés de prendre un bain glacé qui serait venu bien mal à propos après un bon déjeuner. »

Mon histoire finirait là, car *nous fumes sauvés*, je n'ai pas besoin de vous le dire, et nous pumes nous rembarquer quand l'eau des pompes et la fumée eurent disparu. Mais ce qui m'a laissé un souvenir amusant de cet incendie et de ce naufrage, c'est la mine irritée du maître d'hôtel qui nous servait. Je l'ai revu souvent depuis à l'hôtel Frascati, dont il était peut-être le propriétaire. Il était ce jour-là correctement vêtu en cravate blanche et en habit noir, avec une serviette sur le bras. Il s'approcha de moi, comme un homme qui peut à peine contenir son indignation : « Monsieur, me dit-il, si vous aviez tenu votre langue pendant dix minutes, nous avions le temps de servir le café ! »

En définitive, nous arrivâmes bons premiers, après avoir eu beaucoup de plaisir, et un peu d'émotion, ce qui est aussi un plaisir. Il n'y eut d'échec que pour le maître d'hôtel, « *qui n'avait pu servir le café* ». On se rejeta sur le cognac, et je pense qu'il n'en restait plus une larme dans toutes les cantines quand nous débarquâmes sur le quai Boyeldieu, au milieu des applaudissements.

Jules SIMON.

Mʀ LIARD

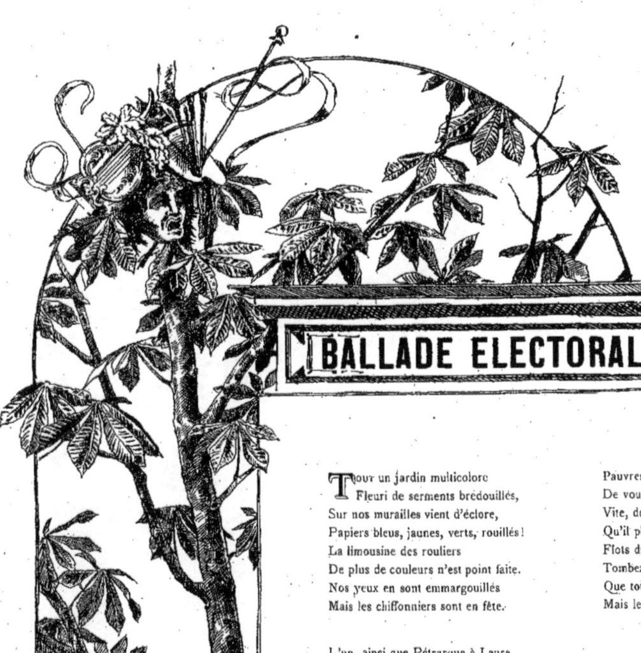

Tout un jardin multicolore
  Fleuri de serments brédouillés,
Sur nos murailles vient d'éclore,
Papiers bleus, jaunes, verts, rouillés!
La limousine des rouliers
De plus de couleurs n'est point faite.
Nos yeux en sont emmargouillés
Mais les chiffonniers sont en fête.

L'un, ainsi que Pétrarque à Laure,
Nous parle avec des airs mouillés.
L'autre, qui souffre du pylore,
Aigre, avec des mots gargouillés,
Nous adjure à coups de souliers.
Chacun se prend pour un prophète.
Tous les fous sont déverrouillés,
Mais les chiffonniers sont en fête.

Pauvres murs, combien je déplore
De vous voir ainsi barbouillés!
Vite, de l'eau! Vite, du chlore!
Qu'il pleuve! Il faut que vous couliez,
Flots du ciel, sur ces murs souillés.
Tombez! O débacle! O défaite!
Que tous leurs papiers soient brouillés!
Mais les chiffonniers sont en fête.

ENVOI

Princes, les votes dépouillés
Mettront bien des sots sur le faite
Nous aurons ce que vous vouliez
Mais les chiffonniers sont en fête.

Jean RICHEPIN.

Pour les Fiers!

Ah! Les pauvres auxquels on peut tendre la main!
  Ceux qu'on rencontre aux champs, par les creux de chemin;
Dans la montagne, encor meurtris de l'avalanche;
En mer, les poings crispés au gouvernail qui clanche;
Et même dans la rue, où s'acharne sur eux
Le rire indifférent et repus des heureux,
Ah! Ceux-là ne sont pas les vrais!... La moindre offrande
Ouvre pour un : merci! leur bouche toute grande,
Ils ont des jours de joie après les jours de deuil!
Non!... Les vrais malheureux sont ceux-là, dont l'orgueil
Survivant au désastre où sombra leur fortune,
Ne se plia jamais à l'aumône opportune;
Qui restent renfermés dans le mépris hautain
Du riche, dont il faut mendier le festin,
Et qui, lorsqu'un regard sonde leur front sévère,
Prennent un air vainqueur pour gravir leur Calvaire!

Ceux-là, nous les frôlons tous les jours, parmi nous.
Mais sans les deviner. Autrement qu'à genoux,
Beaucoup n'ont jamais vu palpiter la souffrance.
Cet homme marche et rit ? Pardieu ! Quelle apparence
Qu'il n'ait pas, comme tous, bon gîte et fin repas ?
Oui ! Mais le fond du cœur, nous ne le fouillons pas !
Nous ne pouvons savoir quels farouches problèmes
Dorment aux plis tendus de ces visages blêmes,
Et quand un de ces gueux vient à crever enfin,
Nous sommes stupéfaits d'entendre : « *Mort de faim* ! »
Eh bien ! C'est pour ces fiers que tout mon être implore !
Puisqu'ils ne parlent pas, que ma clameur sonore
Fasse luire pour eux les espoirs engourdis,
Et, qu'entr'ouvrant le seuil des vagues Paradis,
Le Verbe Souverain brandisse à la lumière,
Ceux dont la tombe seule entendit la prière!...

Paris, 22 Décembre 1892

Omer CHEVALIER.

Vivent les fous et les ânes
en ce monde décevant
toi, science, tu nous damnes
qu'es tu sagesse, ou Vent
Vivent les fous et les ânes
Hi-han
Vivent les fous et les ânes
gloire en dépit des profanes
au fou seul sage vivant
gloire à l'âne, seul savant
Vivent les fous et les ânes
Hi-han,
Hic stupidus asinus
dignus est bachelierus
Hé beau sire âne, chantez
Vous aurez du foin assez
et de l'avoine à plein nez
Hi han, Hi han, Hi-han
Stupidior asinus
dignus est licenciatus
Hé beau sire âne, chantez
Vous aurez du foin assez
et de l'avoine à plein nez
Hi-han, Hi han Hi-han
HENRI A. 20
LA FÊTE DES ÉTUDIANTS
AU MOYEN-ÂGE
(LA FÊTE DE L'ANE.)

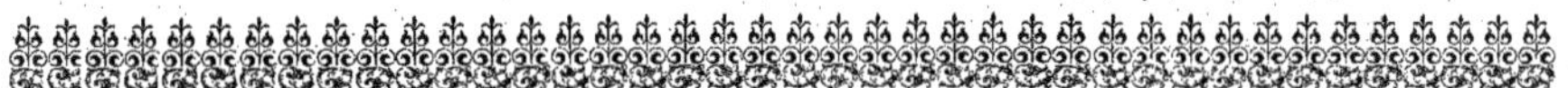

La Forme et le Fond... Question Eternelle

Voir *L'Écho des Écoles* du 4 décembre 1892

Il n'y a peut-être pas d'amour comparable à celui de l'écrivain pour les productions de son esprit. Dire que nos ouvrages sont nos enfants, c'est à peine une métaphore. Ils sont vraiment un extrait et une image de nous mêmes ; notre ferme espérance est qu'ils nous survivent, que, par eux, notre nom, victorieux du temps, ne puisse être aboli, et qu'ils continuent toujours à nous représenter dans l'avenir quand nos personnes auront disparu. Conçus dans un moment d'intense volupté intellectuelle, lentement formés et caressés en imagination, mis au jour avec plus ou moins de peine et d'efforts, ils peuvent nous inspirer à la fois un paternel orgueil et une tendresse maternelle. On assure (et je le crois sans difficulté) que les parents sont plus heureux des joies, plus fiers des succès de leurs fils que de leurs propres joies et de leurs succès personnels ; ou plutôt, pour parler un langage autrement juste et vrai, ils ne connaissent bientôt plus d'autres bonheurs ni d'autres triomphes que ceux de leurs enfants. Pour eux, ils s'en vont, ne sont déjà plus rien ; en quoi peut les intéresser désormais ce qui ne concerne qu'eux-mêmes ? Le centre et le sens de la vie finissent par se transporter insensiblement de l'individu qui va s'éteindre à la famille qui rayonne autour de lui. Il en est strictement de même du rapport de l'écrivain avec les produits de sa pensée. Tous les compliments qu'on peut lui faire de sa personne, de son esprit, de son cœur ou de son caractère le flattent moins délicieusement que les éloges décernés à ses ouvrages par des juges compétents. Ceux-ci touchent d'une façon beaucoup plus intime *sa fibre personnelle*, à tel point qu'on pourrait presque lui faire oublier les autres, comme adressés à quelque personne étrangère, mais non pas lui ôter le souvenir de l'article consacrant avec autorité telle de ses pages comme « définitive », tel de ses volumes comme « bien fait, bien pensé, bien écrit. »

Parlera-t-on ici de vanité littéraire ? Oh ! combien la vanité littéraire, si démesurée que soit cette passion, me paraît, dans l'espèce, une explication insuffisante, pauvre et superficielle ! L'homme vain se réjouit d'être admiré des badauds, envié des jaloux, récompensé par ceux qui distribuent les places et les décorations. Mais l'incomparable plaisir que cause à l'écrivain le succès de ses ouvrages, a une source autrement noble et haute : ce qu'on y découvre, en dernière analyse, c'est l'espérance joyeuse d'avoir commencé à vaincre non pas seulement dans cette misérable lutte pour l'existence, où il ne s'agit que de gagner sur des concurrents éphémères sa place à un soleil d'un jour, mais dans la grande lutte de la véritable vie, la vie de l'esprit contre la mort...

Le style est à lui seul le plus grand effort que l'individu puisse faire pour prendre possession d'un avenir éternel, et plus je descends dans les raisons secrètes de cet effort, plus je découvre à la source profonde du style l'élan énergique et passionné de l'être mortel vers la vie. Ce n'est pas la pensée seulement qu'il s'agit de répandre et de faire durer par la forme ; c'est la personne même, c'est l'âme, qui espère subsister en quelque manière avec son œuvre, dans son œuvre, et savourer sans fin la joie de sa victoire.

Les esprits éminemment scientifiques sont, en règle ordinaire, des écrivains médiocres. Le point de vue général de l'utilité collective auquel ils s'élèvent naturellement n'exige d'eux que des qualités impersonnelles de méthode et de clarté, et les laisse étrangers au souci profond de la forme qui a son origine dans l'égoïsme transcendant de l'artiste et du poète. L'instinct juste de l'irréductible différence qui existe entre le principe de l'activité scientifique et celui de l'activité proprement littéraire fait même que les savants trop attentifs à bien écrire sont assez mal vus et se rendent suspects d'altérer artificieusement le visage austère de la vérité. Ce qui est au premier plan dans l'éducation scientifique, ce sont les choses, c'est la substance réelle du savoir ; mais, dans l'éducation littéraire, ce qui est au premier plan, ce sont les livres, et les formes que le talent imprime aux choses et aux idées. De là, chez les personnes vouées exclusivement à l'étude des lettres, cette bizarre illusion d'optique qui, renversant l'importance relative des termes, transforme le monde physique et moral en une sorte de thème poétique offert aux exercices du talent...

Il y a des écrits (ce sont les plus nombreux) qui ne sont qu'un moyen de communiquer à distance et à beaucoup de gens ce que la parole ne pourrait faire entendre qu'à un petit cercle de personnes. Considérée sous cet aspect purement industriel et pratique, l'imprimerie n'a pas un autre usage que la poste aux lettres, le télégraphe ou le téléphone, et c'est assurément une invention admirable ; mais l'idée qu'un artiste ou un penseur littéraire se fait du *livre* est quelque chose de bien différent. Ce que l'écrivain proprement dit, l'écrivain digne de ce nom, a en vue, ce n'est pas tant, comme le simple publiciste, la diffusion large et rapide, que la permanence de sa pensée. S'emparer de l'espace, à la façon du fil électrique, est pour lui moins désirable et moins beau que de prendre possession du temps. S'il lui fallait choisir entre une conquête immédiate et universelle, mais sans lendemain, et un succès à échéance séculaire, à marche obscure silencieuse et lente, mais qui serait durable, il préférerait sans hésiter au triomphe éclatant d'un jour la promesse lointaine d'une gloire à venir que pourtant il ne verra point. Calcul deux fois absurde, condamné par la morale et par le sens commun, si l'écrit du véritable artiste avait l'honneur éphémère, comme ceux du journaliste et du savant, d'être un acte *social*, une contribution impersonnelle au travail et au progrès humain, chose utile à son heure, dépassée et oubliée une heure après ; mais le livre de l'écrivain, c'est lui-même, c'est l'essence la plus subtile et la plus pure de son être spirituel, c'est, de tout ce qu'il fut, la seule partie qui demeurera quand le reste aura disparu comme une vapeur ; c'est la forme vivante à jamais de ce qu'il a senti, imaginé, pensé dans sa minute d'existence, c'est son moi profond, c'est son *âme*.

PAUL STAPFER.

Croquis pris à St André de Cubzac

A mon excellent Camarade et Ami Roger DE JARNAC.

A danse, a dit un écrivain, est le plus vif des divertissements et l'un des plus utiles exercices de gymnastique. Il n'est donc point étonnant de voir l'art chorégraphique pratiqué dès la plus haute antiquité et nous ne pouvons être surpris de constater qu'il est encore fort en vogue, à la fin du XIXe siècle.

Evidemment, depuis son origine, il a subi de notables transformations et il serait déraisonnable de vouloir rapprocher les danses qui furent en honneur au temps de Vercingétorix de celles qui sont actuellement pratiquées à l'Elysée, même Montmartre; mais enfin, et en dépit de toutes les différences de forme, le principe est resté le même : toujours et partout l'art chorégraphique a consisté à faire mouvoir les différentes parties de son corps d'une façon plus ou moins cadencée.

La plupart du temps et pour pallier, dans la mesure du possible, ce que ce genre d'exercice peut avoir de grotesque, on rythme les mouvements sur le son d'une musique qui prend, pour la circonstance, le nom d'*Orchestre*. Ce serait cependant une grave erreur que de croire l'élément musical indispensable à l'exécution d'une bonne danse.

Très souvent l'orchestre est réduit à des proportions rudimentaires, un instrument quelconque, fut-il un violon, peut amplement suffire. Si l'on en croit certaines personnes il ne serait même pas impossible de faire danser sans violon. Nous avouons, en ce qui nous concerne, ne pas apprécier ce dernier genre et nous préconisons les danses avec accompagnement; car elles offrent l'avantage de charmer les oreilles en même temps que les yeux du spectateur.

On peut dire que la danse est un plaisir royal. Depuis les temps les plus reculés, les monarques et les princes ont manifesté un goût prononcé pour elle. Sans parler de Néron et de Louis XIV qui ne dédaignaient pas de figurer dans les ballets offerts à leur Cour et du roi Vert-Galant qui eut toujours un faible pour le cotillon, personne n'ignore que le saint roi David exécuta devant l'Arche Sainte toute une série d'entrechats et d'ailes de pigeon des mieux réussis. Aujourd'hui même les souverains pratiquent la danse, et non sans succès. Il n'est pas rare d'apprendre qu'un chef d'Etat (surtout en Amérique), a sauté ou est sur le point de sauter; mais ils ont renoncé à la méthode de David, comme étant incompatible avec leur dignité professionnelle. C'est ainsi, qu'à l'occasion de la visite non plus d'une arche, mais d'une escadre toute entière, le roi d'Italie a pris part à un quadrille international des plus corrects.

En général ce sont les membres inférieurs qui, en matière chorégraphique, jouent le plus grand rôle; mais encore ici la règle n'est pas absolue et lors de l'Exposition de 1889 on a pu s'assurer que les danses japonaises consistaient essentiellement dans le mouvement des mains, tandis que le plus grand charme des danses arabes se trouve dans des soubresauts plus ou moins accentués du ventre.

Il existe d'ailleurs une variété infinie de danses et pour ne parler que des plus connues, sans oublier l'antique *Menuet* et la *Gavotte*, nous citerons la *Valse* dont le but paraît être l'imitation fidèle du mouvement de la toupie ou du sabot; le *Quadrille* qui, suivant les milieux où il est en usage est parfois ridicule et souvent ennuyeux; la *Polka*, la *Mazurka*, etc., etc! La *Schotish* est une importation anglaise dont nous ne devons pas avoir trop de rancune aux fils d'Albion, si nous considérons qu'ils ont eu l'excellente idée de garder pour eux la *Gigue*, danse nationale qui rachète par la multitude et la vivacité des mouvements, la grâce qui lui fait totalement défaut.

Les danses dans lesquelles l'élément gymnastique est poussé jusqu'à l'acrobatie, portent plus spécialement le nom de *Chahut*. Les formes du chahut sont très nombreuses depuis la simple *Farandole*, qui n'est en somme qu'un monome couru, jusqu'au *Pas du homard en délire*, en passant par le *Macchabée boiteux* et le *Canard qui tête*. Actuellement le chahut est le plus à la mode des ébats chorégraphiques. Le « Jardin de Paris », le « Casino de Paris » et le « Moulin-Rouge » sont autant d'Académies dans lesquelles débutants et débutantes vont s'inculquer les premiers principes de cet art mondain.

Enfin nous ne saurions passer sous silence la fameuse *Danse de Saint-Guy*, qui a rendu célèbre son bienheureux auteur dont le moindre emploi au Ciel, doit être celui de maître de ballet. Cependant et en dépit de sa célébrité, peu de personnes manifestent un goût prononcé pour ce genre de divertissement. Il n'est donc point étonnant de le voir tomber de plus en plus en désuétude.

Terminons par une simple réflexion que chacun a pu faire : Il est certains lieux qui semblent pousser à la sauterie; tout le monde connaît la renommée du pont d'Avignon et celle de Monaco qui a la spécialité de la danse des écus. De même l'exercice de certaines professions est également favorable à la danse. C'est ainsi que toutes les cuisinières aiment à fréquenter les bals publics et l'on sait que, grâce à leur habileté, elles arrivent souvent à faire danser jusqu'à l'anse de leur panier.

Me CASIMIR

En hiver on n'a plus hélas!
Ni de rose ni de lilas
Pour dire à la femme : Je t'aime!
C'est pourquoi, belle aux blonds cheveux,
J'ai caché mes tremblants aveux
Dans une fleur de chrysanthème.

★ ★
★

En hiver, l'âme des parfums
A fui les calices défunts,
Autels sans encens ni cinname
Ce n'est plus sous les pleurs d'avril,
Mais sous des perles de grésil,
Qu'il t'y faudra chercher mon âme.

30 Décembre 1891.

En hiver, plus de beau soleil,
Mais au chrysanthème pareil,
Etoilé de rayons sans nombre,
Criblé de flèches par tes yeux,
Mon cœur est l'astre soucieux
Qui voudrait luire dans ton ombre.

★ ★
★

En hiver, le cœur attristé
A grand besoin de Charité. —
Plus rien n'y vivant plus que d'âme,
J'ai dans cette innocente fleur,
Mis mon rêve et mis ma douleur.
Ayez pitié de moi, Madame!

ARMAND SILVESTRE.

Dans une Eglise de Florence

Peinte par Andrea del Sarto, cette tête
Du Christ agonissait sous la clarté discrète
D'une lampe pendue au-dessus de l'autel.
Ses yeux ensanglantés élevaient vers le Ciel
Un long et doux regard d'extatique souffrance
Et dans cette paisible église de Florence
D'où s'en allait le jour et que si doucement
Sa prière emplissait d'un long chuchotement,
L'auguste front semblait plus auguste et plus triste.
Et j'admirais la main et l'œil du grand artiste,
Quand je vis, maigre, vieille, et le dos tout voûté
S'avancer murmurant des mots de piété
Une femme du peuple et sur la marche en pierre
S'étant agenouillée elle fit sa prière.
Pâle elle contemplait la face du Sauveur
Avec un tel élan de pieuse ferveur,

Florence 1891.

Un si profond amour joignait ses mains ridées.
Que moi, le manieur d'inutiles idées
Moi, qui n'étais venu voir là qu'une œuvre d'art
J'enviai cette femme et cet ardent regard
Hélas! pour pénétrer dans ton génie intime
Vieux Maître, cette foi, naïve, humble et sublime
Vaut mieux que ma pensée. Elle va plus avant.
Cette femme voit là saigner un Dieu vivant
Comme tu le voyais! Comme le tien, son rêve
Jusqu'à la vision du Rédempteur s'élève
L'amour céleste emplit son tendre cœur chrétien
De la même pitié qui remuait le tien,
Son cœur de chair, celui qui bat dans sa poitrine,
Vraie et sainte émotion qu'à peine je devine
Par un ressouvenir des songes de jadis
Et l'impuissant regret des anciens paradis.

Paul BOURGET

EN MANŒUVRES

A mon Maître Armand SILVESTRE

Lors des grandes manœuvres dans les Landes, récemment, j'étais l'hôte d'une petite ville des environs de Saint-Sever. Le dîner, au restaurant où j'étais descendu, venait de se terminer, et j'avais regagné ma chambre tendue d'indienne frappée de fleurs aux couleurs encore criardes, pour lire et prendre un repos de corps et d'esprit bien gagné. Je me mis à la fenêtre donnant sur la place principale. Le crépuscule enveloppait les choses d'alentour. Après la journée un peu chaude et lassante, le premier frisson d'automne courait en la nature, laissant à la cime des chênes de l'or des derniers beaux soleils couchants.

J'avais encore la tête pleine du bruit de la canonnade et de la fusillade de la matinée, des ordres impérieusement donnés par des voix mâles rompues au commandement, du galop des chevaux, et de la marche rapide des prolonges d'artillerie que l'on déplace à la hâte et qui ont des sursauts aux tournants brusques des routes très blanches et longuement, longuement déroulées.

Le calme était venu et je songeais. Que faire le soir, dans ces petites localités si reculées, si tranquilles, à moins que l'on ne rêve ? Les derniers groupes de soldats, regagnant les cantonnements, passaient à ma porte, riant, sacrant, fumant; ils attirèrent et captivèrent bientôt toute mon attention. A mes yeux, dans le clair-obscur, leurs formes grandirent et leurs costumes se modifièrent; et je revis, en une minute, leurs sublimes devanciers, les héros des campagnes de jadis, des rencontres de Valmy, d'Austerlitz et d'Arcole. Et, comme le présent est sombre et l'avenir incertain, je m'emplis, cet instant, l'âme du parfum du passé en respirant l'haleine rafraîchie de la terre.

*
* *

La nuit, peu à peu, s'épandait, une nuit toute blanche d'étoiles. Les troupiers, là-bas, s'étaient égrenés. Ma pensée suivait maintenant les frémissements de l'eau très proche, qui chantait au pied des saulaies, dans ce coin riant de paysage de la Chalosse, et, sans que je m'en doutasse, les heures s'enfuyaient légères, comme si le vent les eût prises avec les débris sonores des frondaisons.

Les feuilles voletaient dans les branches, semblant rire et pleurer tout ensemble, emportant avec elles des frémissements de colère et des murmures d'élégie. Ainsi, parbleu ! comme nous l'a dit un exquis poète, s'en vont nos propres rêves, consolants ou douloureux, entraînés par un souffle impitoyable vers un horizon qui recule sans cesse malgré nos supplications. Comme sur la nature, l'automne passe sur nos pauvres âmes, effeuillant sans pitié le jardin de nos chimères, de nos illusions amoureusement caressées aux belles heures de jeunesse !

...Soudain, d'une auberge installée sur la place, quelques maisons après mon hôtel, monta un vacarme. C'était la jeunesse du pays, heureuse, débordante de joie méridionale, exubérante qui s'esbaudissait et applaudissait au répertoire d'une troupe ambulante de « chanteurs », guidés par une guitare étique, d'une « caravane » de cabotins grêles — continuant sans s'en douter, hâves et dépenaillés, le Roman comique. Un chœur de gros rires, de cris d'animaux, et les bravos éclataient ensuite comme un tonnerre, saluant les chansonnettes « à jambes » de Mlle Fiorella, aphone, mais outrageusement décolletée ; les grasses paysanneries du directeur de la tournée ; les paulusienneries ou polissonneries du loustic imberbe qui représentait là l'élément moderne dans l'art jeune, ultra-distingué ! C'était du délire : jugez-donc ! — Une chose me navra, pourtant, me navra fort. Par une tolérance inexplicable en la circonstance, le comique grivois put à son aise, une demi-heure durant, glapir de sa voix avinée, sans portée, deux ou trois graveleuses inepties, vêtu du costume sacré de nos *biffins*, coiffé du képi énorme de Boquillon et agitant des doigts sales dans ses gants de coton blanc trop longs. C'était écœurant à distance ; quel effet cela ne devait pas produire dans la salle !

— On te raillait, obéissant à de bêtes traditions, petit troupier que la Muse populaire, ainsi que vous le dites avec raison, maître, a tour à tour exalté et gouaillé, fusilier Pitou ou fusilier Bridet, toi dont nous avons vu la tunique crevée de balles ennemies et suant ton sang, ton sang jeune et fraternel ! Pourtant, tu demeures encore, petit, la « seule image épique de ce temps qui ne les prodigue pas à notre admiration. Tu es le dernier fils des preux, mon bonhomme, quand même les caprices de la mode t'affublent de képis trop hauts et de vestes ridicules. L'habit de l'honneur n'a pas de forme authentique, et peu importe sous quel grossier vêtement bat un cœur tout plein du dévouement à la Patrie !... »

*
* *

Les gendarmes firent bientôt fermer la *boîte* à musique, mais parce que c'était le couvre-feu et que l'heure avançait. — Et tout se tut.

Et pendant que je laissais aller mon esprit à cet ordre de pensées, dans le calme de cette nuit semée d'astres radieux, dans le silence de cette petite ville où dormaient des milliers d'hommes — mais des vrais et non de ceux si grotesquement caricaturés — équipés comme pour les plus rudes campagnes, des souvenirs, pénibles à présent, me montaient à la tête, des frémissements d'héroïsmes inutiles m'emplissaient le cerveau, d'invisibles clairons me chantaient aux oreilles des marches d'intraduisible chauvinisme, et les martyrs de nos luttes — des luttes glorieuses ou des autres, qu'importe ! — passaient devant mes yeux, dans une poussière irisée des éclats d'obus éclatant dans des flaques de sang...

Et je restai ainsi, immobile, obsédé par le rêve, à la fenêtre étroite de cette chambre d'hôtel — et depuis longtemps les patrouilles étaient rentrées aux postes, chassant devant elles les derniers soldats attardés, alourdis par le séjour dans les *caboulots*. On n'entendait plus rien alentour, sinon le pas cadencé des sentinelles gardant le drapeau ou veillant sur les canons parqués à mes pieds sur la place.

Onze heures sonnèrent à l'église voisine, toute ruinée. Alors, à ce moment précis, il me sembla qu'une étoile apparut soudain au front du firmament, très grande, dentelée, et que ses reflets de pourpre et d'or firent briller la baïonnette des sentinelles rigides ; il me sembla que, du fond des bois, des sentes parfumées, des combes silencieuses, montèrent des frissons de renouveau. J'eus la notion de notre résurrection complète, de notre relèvement après les inoubliables désastres d'il y a vingt ans, de notre force, de notre valeur ; et je crus entendre le vent — ce vent qui berçait le sommeil de nos petits troupiers harassés — chanter, en courant dans les vallons et sur les crêtes des touffues collines, un hymne de victoires, de revanches prochaines et d'ineffables espoirs...

Ernest LAROCHE.

Femme Défenderesse
Par D. Bruttereau

LA TOMBE

A Mᵐᵉ A. ESCOFFIER
Affectueuseme

J. L.

Sed libera nos.
(Oraison dominicale).

OR, Christ songeait au bord du lac, songeur austère,
Quand une main, obscure et vague de mystère,
Vint se poser sur son épaule, froidement ;
Et le Maître, troublé dans son recueillement,
Vit un homme, les reins tordus sous un suaire
Et dont les vers avaient, au fond de l'ossuaire,
Mangé la chair du ventre et bu le sang du cœur.
Cet homme, dont un doigt implacable et vainqueur
Courbait le front, dardait des yeux pleins d'agonie.

Depuis le soir où Christ avait, en Béthanie,
Fait remonter au jour Lazare lumineux,
Spectre blanc, que la mort a serré de ses nœuds,
Il courait, comme un homme en fièvre, par les villes.
Muet, en la rumeur des multitudes viles,
Il heurtait aux passants ses rêves et ses pas
Et, devant ses deux sœurs qu'il ne connaissait pas,
Fuyait, parlant le verbe étrange de la tombe.
Quand, sur les toits et sur les âmes, l'ombre tombe,
On le voyait encore errer, funèbre et seul,
Et, dans les sentiers blancs de lune, son linceul
Passait, comme un frisson de l'immensité blême.
Il allait, poursuivant un tragique problème,
Et, brusque, s'arrêtait dans la plaine, souvent,
Pour recueillir, des pins sonores sous le vent,
L'énigme aux sens obscurs qu'ont les choses en elles ;
Alors, dans la stupeur glauque de ses prunelles
Qui sondèrent la nuit insondable des morts,
Montait, vers le champ noir où dorment les remords,
Le suprême désir de la halte dernière ;
Et, dans les floraisons profondes de l'ornière,
Lazare se couchait comme dans un tombeau.

Ce matin, le printemps éternellement beau
Invitait à la joie immense de la vie :
Le lac bleu rayonnait et la plaine, ravie,
Dans la flamme de l'astre et le cri des ramiers,
Riait, sous l'ombre dense et courte des palmiers
Dont les troncs frémissaient en des hymens mystiques ;
Et, près du lac rythmant un chœur de lents cantiques
Qui grisaient d'un frisson d'amour Génézareth,
Plein de pitié, Christ vit que Lazare pleurait
Et Christ dit : —

« J'ai pour toi du poing brisé la pierre
Du sépulcre, remis l'éclair sous ta paupière,
Et rappelé ton ombre au nombre des vivants.
Maintenant, sous les cieux printaniers et fervents,
Tout chante, tes deux sœurs t'aiment, Marthe et Marie,
Mais, dans le rire frais de l'aurore fleurie,
Ton âme est triste »

Et l'homme au linceul dit : —

« Les champs -
Joyeux, d'argent sous l'aube et d'or sous les couchants,
Brillent, comme le roi biblique dans son temple ;
Et, fraternels à l'œil de l'homme qui comtemple,
Les cieux sur nos fronts nus tendent un dais divin ;
Mais la lumière est noire et le printemps est vain,
O Maître, et c'est pourquoi je suis sombre, et j'envie
Ceux qui dorment, loin des tumultes de la vie,
En le granit, au pied des lentisques épuis.
Quand tu me réveillais au jour, tu me trompais,
Et, pâle, mes deux mains prises de bandelettes,
J'ai regretté le lit sépulcral des squelettes
Et, de l'ombre où s'ouvraient aux rayons mes yeux las,
Je t'ai maudit, ô doigt levé qui m'appelas ! »

Et Lazare pleurait de vivre.

« Solitaire,
Je vais, et mes pieds nus qui dévorent la terre
Cherchent le monde où j'ai dormi trois jours entiers,
Mais, par tous les sillons et par tous les sentiers,
Impitoyablement ma course me ramène
Devant ta face altière et vile, ô race humaine
Dont le sourire ment et dont le baiser mord ;
Oui, vers toi seule vont mes tendresses, ô mort,
Car ton lit, où se tord sur nous le ver infâme,
Est encore moins froid que le lit de la femme ».

Et Lazare pleurait de vivre.

« En vérité,
Dit le Maître, j'eus tort quand mon poing irrité
Rompit le marbre lourd qui protégeait ton somme,
Car pour deux fois souffrir revivre deux fois homme,
C'est trop ! »
Et sur Lazare il imposa la main
Et Lazare fut trouvé mort le lendemain.

J. LARRIBAU.
Étudiant en Lettres.

Bayonne, 18 Décembre 1893.

VUE PRISE A VÉLINE (Dordogne)

LE BON TEMPS

CHANSON INÉDITE
Paroles et Musique de L. XANROF
(Peut se chanter sur l'air « *Qué coch. d'enfant* »).

I

Est c'toi qu' j'ai r'vu', chèr' maîtresse
Dois-je en croir' mes yeux ?
Toi, rich', mariée, épaisse
Suivi' d' quat' morveux ?
Te souviens-tu, ma grisette
D'il y a vingt ans ?
T'étais pauvre et pas honnête,
C'était le bon temps ! *(bis)*

II

On déjeûnait d'un sou d'bric
Et d' *Chateau d'Eau* clair ;
Mais l' menu t' plaisait, chérie,
A caus' du dessert.
Quand tu criais : « Donn' m'en vite, »
Les aut's habitants
Disaient : « quell' fourchett', la petite » !
C'était le bon temps ! *(bis)*

III

Les jours de grande fortune,
(Les premiers d' chaqu' mois,)
Quand nous étions gris, ma brune
On s' fâchait parfois ;
On d' venait pour un' risposte
Bien vite combattants...
On s' raccommodait au poste ;
C'était le bon temps *(bis)*

IV

Les titres ès-lettr's, ès-sciences,
Tout ça j' m'en moquais ;
Et j' n'estimais qu' les licences
Que tu m'apprenais...
J'étais à la repartie
Prêt à tous instants...
Car j'avais l'esprit d' saillie :
C'était le bon temps ! *(bis)*

V

De nos petit's infamies
Nous causions tous deux ;
Presque tout's tes p'tit's amies
Me rendir'nt heureux.
Tu ne me trompais, ma chère,
Qu' pour des gens charmants...
Et pas un n' me rendit père,
C'était le bon temps ! *(bis)*

VI

Je voulais quand j' tai r'connue
T'aborder... et puis,
Je m' suis dit, quand j' t'ai mieux vue,
« J'ai trop changé d'puis »...
Je n'suis plus le beau jeune homme
D'il y a vingt ans...
J'veux qu'ell' me voit toujours comme
J'étais au bon temps *(bis)*.

LA CONSCIENCE

D'après VICTOR HUGO.

« La Ligue contre la licence des rues
» a demandé au gouvernement de saisir
« et de faire détruire tous les vases noc-
« turnes ornés d'un œil au fond. »
Les Journaux.

Quand avec ses amis vêtus de redingotes,
A travers les hôtels, les garnis, les gargotes,
Passy (Frédéric) eut chassé l'œil insolent,
Comme le soir tombait, le Censeur, d'un pas lent,
Entra dans un village, en une grande plaine.
Bérenger fatigué, Léon Say hors d'haleine,
Lui dirent : « Demandons une chambre et dormons ! »

Passy, ne dormant pas, songeait sur le balcon.

Ayant baissé la tête, il vit sous ses fenêtres,
A la face du ciel, des amoureux champêtres
Echanger des baisers « à l'œil », cyniquement.
« Ça, c'est trop fort ! » fit-il, avec un tremblement.
Il réveilla Bardoux dormant et Miss Booth lasse,
Et reprit la poursuite, austère, dans l'espace.
On marcha sans savoir, on marcha dans la nuit ;
Il allait, il allait, jaune comme un biscuit,
Inquiet et regardant autour de lui sans trêve,
Sans repos, sans sommeil, sans vouloir faire grève.
Il atteignit ainsi la foire de Neuilly.
« Arrêtons nous ici, je connais le bailli.
Nous allons tout d'abord faire un tour à la foire »
Fit-il ; quand il eut un claquement de mâchoire.

Un phénomène, avec un œil cyclopéen
Attirait les badauds. — Succès européen ! —
« Cachez-le ! » cria-t-il, et le doigt sur la bouche,
Tous les vieux regardaient sévir Passy farouche.
L'indulgent Bérenger, père des lois qui font
Un ange immaculé d'un scélérat profond,
Opina qu'il fallait l'enfermer dans sa tente,
Et l'on roula sur lui la muraille flottante.

Quant on l'eut arrêtée avec des poids de plomb :
« Vous ne voyez plus rien », dit Miss Booth, l'enfant blond,
Prêtresse du salut, maigre comme une Aztèque.
Passy dit : « Ecrasez-le comme une pastèque ! »
Un marchand, un de ceux qui passent dans les bourgs
En vendant des clairons et des petits tambours
Cria : « Là-bas, les vieux, vous n'allez pas vous taire ! »
Ils levèrent les yeux sur son pauvre éventaire.
Horreur ! dans une gloire, il étalait, serein,
Des urnes de faïence avec l'œil souverain,
Unique, monstrueux, infâme et sacrilège.
Un frisson de fureur courut dans le cortège.
« A moi, cria Passy, courons sus au démon !
Éteignons ce regard qu'eut condamné Dracon !
Soyons à la hauteur, croisés, de notre cause,
Et ne redoutons pas, pour frapper, l'ecchymose ! »

Alors on tapa dur, comme des forgerons,
Mais en hommes décents, sans les moindres jurons.
Pas une urne avec œil ne demeura pucelle.
Non, jamais l'on ne vit si beau bris de vaisselle !
Les ligueurs concassaient avec des mains de fer,
Et le bourg de Neuilly semblait un bourg d'enfer.

Quand ils eurent fini de briser et de fendre,
Ils étaient éreintés, sans pouvoir s'en défendre.
« L'œil enfin n'est plus là ? » dit fièrement Miss Booth.
Et Passy répondit : « Vraiment, je suis à bout ! »
A l'hôtel, il monta dans une chambre sombre.

Quand il prit sous le lit certain meuble dans l'ombre,
Livide, il retomba sur un fauteuil assis :

L'œil était dans le vase, et regardait Passy !

Pour à-peu-près conforme :
. PAUL BERTHELOT.

UN BAL AU PARADIS

A Monsieur Francisque SARCEY.

Les saints s'ennuyaient à périr au séjour des immortels, je ne veux pas dire l'Académie où l'on ne s'amuse pas toujours, mais bien le Paradis. Quelques dîners mensuels à la table du Bon Dieu, un concert séraphique de temps à autre, parfois aussi des messes en musique, c'étaient toutes leurs distractions. « Il n'y a pas à dire, s'écriait un jour Saint Antoine, à l'heure de l'apéritif, ça manque absolument de femmes. Dans mon ermitage, des nymphes charmantes me rendaient de fréquentes visites ; depuis que je suis saint, je n'ai pas vu la moindre apparition, et pourtant, ajoutait-il avec mélancolie, j'ai toujours des tentations. » — « Cependant, repartit Saint Pierre, les femmes ne manquent pas au Paradis ; que de saintes adorables à qui j'ai ouvert la porte ! Mais voilà, sitôt entrées, on ne les voit plus ; le Bon Dieu les invite à dîner toutes seules ; il leur offre des concerts réservés et il leur dit des messes spéciales. C'est à peine si, de loin en loin, nous pouvons les apercevoir à la promenade ; elles s'en vont lentement, par les allées du Paradis, enveloppées dans leurs voiles blancs, les yeux pudiquement baissés ; elles passent près de nous, osant à peine répondre à notre salut ; mais j'ai souvent remarqué qu'elles détournaient ensuite la tête pour nous regarder avec un sourire tout à fait aimable ; je suis persuadé qu'elles auraient le plus grand plaisir à faire notre connaissance. » — « Une idée ! dit Saint Nicolas ; si nous demandions au Bon Dieu de donner un bal ; il serait bien forcé d'inviter les saints et les saintes ; je suis sûr que nous garderions de cette rencontre un excellent souvenir. »

Les bienheureux approuvèrent unanimement cet ingénieux projet, et ils chargèrent Saint Pierre de le soumettre, en leur nom, au Père Éternel. Le Bon Dieu allait déjeuner quand Saint-Pierre le rencontra. Il venait de prononcer un discours fort applaudi au Conseil des Archanges, et il était par hasard de bonne humeur ; aussi son fidèle serviteur reçut-il un excellent accueil dont, en diplomate habile, il se hâta de profiter. Comme il complimentait le Père Éternel sur sa mine fleurie : « Tu es trop aimable, dit celui-ci ; tu dois encore avoir quelque chose à me demander ; fais vite, il est midi moins cinq et tu sais qu'à midi sonnant je me mets à table. » Saint Pierre aussitôt présenta sa requête ; mais aux premiers mots, le Seigneur l'interrompit : « Comment ! les saints s'ennuient ! mais s'imaginent-ils donc qu'ils sont ici pour s'amuser ? Tu leur diras qu'on est au Paradis pour se reposer au sein de la béatitude éternelle ; personne ne travaille ici que moi ; je fais tout ; c'est le seul moyen que j'ai trouvé d'éviter les grèves. » Sans se laisser décourager par cette boutade, Saint Pierre continua de parler : « Un bal ! s'exclama le Bon Dieu ; mais d'où leur est venue cette idée saugrenue ? S'il s'était agi d'un banquet, je pourrais, après tout, les excuser, mais un bal, c'est insensé, c'est ridicule ! Vois-tu les saints danser la gigue ou organiser un cotillon. Ils comptent peut-être sur moi pour les conduire » et le Père Éternel, se croyant très spirituel, éclata de rire. Saint Pierre, pour lui laisser cette douce illusion, partagea son hilarité ; mais il ne se tenait pas pour battu : « Vous avez raison, Seigneur, comme toujours, répondit-il ; un bal, ce n'est pas assez sérieux ; mais que penseriez-vous d'une soirée de gala ? On peut aisément y concilier les convenances officielles et les plaisirs mondains ; ainsi on établit d'un côté un buffet bien approvisionné pour les gens sérieux, et on installe dans un coin un petit orchestre pour les fous ; de cette façon tout le monde est content. Remarquez, Seigneur, que ces réceptions sont très appréciées dans le high-life ; l'autre jour encore M. Carnot... » — « Oui, oui, je sais, dit le Bon-Dieu, je lis les journaux..... mais, je n'ai pas les moyens de M. Carnot ; une soirée de ce genre entraîne des frais considérables..., et tu le sais, mon cher ami, le budget du Paradis est bien difficile à équilibrer. » — « Qu'à cela ne tienne, déclara Saint Pierre ; nous avons tous de petites économies et nous serons trop heureux de les mettre à votre disposition pour vous remercier du plaisir que vous nous aurez fait. » — « Puisque vous me prenez par les sentiments, je ne peux plus refuser ; je vous prête donc les jardins du Paradis et l'orchestre des séraphins ; arrangez-vous comme vous l'entendrez ; je ne veux pas m'en mêler. Miséricorde, s'écria le Bon Dieu, en tirant sa montre, midi vingt ! mon déjeuner sera trop cuit ! » et il s'éloigna en courant.

Saint Pierre, enchanté, revint en toute hâte annoncer aux bienheureux le succès de son ambassade. Ils se formèrent aussitôt en comité, et se distribuèrent le travail. Saint Joseph, en qualité d'ancien charpentier, fut chargé de dresser une vaste tente, et l'on confia à Saint Fiacre le soin de l'orner de fleurs et de plantes vertes ; Saint Augustin, dont le style est assez correct, s'offrit pour rédiger les invitations ; plusieurs saints se mirent à feuilleter les calendriers pour écrire les adresses ; ils n'auraient pas mieux demandé que de porter les lettres à domicile, mais, après une discussion orageuse, le Comité décida que les anges serviraient de facteurs. Les cartes portaient R. S. V. P. ; aussi les chérubins déposaient-ils tous les jours nombre de petits billets délicatement parfumés, et Saint Pierre, le secrétaire général, passait de longues heures à dépouiller cette correspondance suave. Toutes les saintes acceptèrent avec empressement ; seules, quelques jeunes vierges (il y en a quelques-unes au Paradis) déclinèrent l'invitation, parce qu'elles n'avaient pas de robe de bal ; on vota à l'unanimité qu'elles seraient habillées, le moins possible d'ailleurs, aux frais du Comité.

La tente fut bientôt construite et décorée avec un goût parfait. Pour faire plaisir à Saint Nicolas, d'origine slave, on plaça aux quatre coins des trophées de drapeaux russes et français. Une discussion s'éleva, au sujet de l'éclairage, entre les partisans des bougies et les adeptes de l'électricité ;

pour trancher le différend, Saint Pierre proposa de décrocher quelques étoiles de la voûte céleste ; et ces lampes d'un nouveau genre produisirent le plus heureux effet.

Le grand jour enfin arriva ; après un dernier coup d'œil jeté sur les préparatifs de la fête, les membres du Comité s'en furent s'habiller. Quelques-uns, très émus, oublièrent de dîner ; d'autres jeûnèrent à dessein, comptant se rattraper au buffet. Dès neuf heures, tous les saints étaient groupés autour du Bon Dieu pour l'aider à faire les honneurs et surtout pour assister à l'entrée des saintes. Saint Pierre arriva le dernier, car il avait verrouillé les portes du Paradis ; depuis deux jours d'ailleurs il ne les ouvrait plus, de peur des interviews, et il priait les âmes des candidats à l'immortalité de vouloir bien repasser la semaine suivante.

Sur un trône étincelant de diamants et de pierreries (le même que nous verrons au jour du jugement dernier) était assis le Père Éternel en habit noir, ganté de blanc, le grand cordon de l'Azur céleste en sautoir. Une auréole toute neuve, que le bon Saint Éloi avait forgée pour la circonstance, se détachait sur la neige de sa longue chevelure, et sur sa poitrine sa barbe fleurie s'étalait en flocons soyeux. A l'entour de lui, les saints avaient revêtu des habits de couleur : celui de Saint Pierre était rouge et celui de Saint Nicolas bleu barbeau ; Saint Antoine se pavanait dans un frac gorge de pigeon et se moquait de l'habit jaune citron de Saint Joseph qu'il appelait plaisamment un habit symbolique.

Cependant, par groupes, dans des nuages de tulle et de mousseline, les saintes commençaient d'arriver. Faut-il dire qu'elles étaient adorables ? On ne peut être sainte sans être jolie femme : des minois exquis, d'admirables chevelures, des bras blancs comme la neige, des épaules marmoréennes, des nuques idéales s'offraient aux regards avides des bienheureux extasiés. Les toilettes étaient d'une simplicité charmante, — les saintes font leurs robes elles mêmes — et d'un goût parfait, car elles reçoivent tous les journaux de modes. Chastes et souriantes, rougissant un peu pour paraître plus jolies, elles s'avançaient vers le trône du Père Éternel. Lui, à la fois surpris et charmé de ces décolletages éminemment suggestifs, se contentait de regarder sans rien dire ; il embrassait toutes les saintes au front et d'un geste paternel, les invitait à prendre place.

L'orchestre des séraphins jouait des valses divines, de célestes mazurkas et des polkas angéliques. Les saints tout d'abord très intimidés, s'étaient enhardis ; ils avaient invité des danseuses, et les couples tournoyaient lentement à la douce clarté des étoiles : on aurait dit des fleurs valsant avec des papillons. Le Bon Dieu pensa qu'il pouvait se reposer, et il alla vider quelques coupes de champagne. Le bal s'animait peu à peu, les danses devenaient plus entraînantes ; les saintes babillaient comme des fauvettes ; les saints sautillaient comme des moineaux. Seul, Saint Antoine, sur une chaise, ne disait rien, mais n'en pensait pas moins. Après être resté une heure au buffet, le Père Éternel en ressortit très rouge ; il avait une envie folle de danser, mais il réfléchit que ses hautes fonctions étaient incompatibles avec les exercices chorégraphiques ; d'ailleurs, il ne se sentait pas très à l'aise ; aussi préféra-t-il se retirer, non sans avoir distribué de nombreuses bénédictions.

Son départ, loin de jeter un froid sur l'assistance, parut au contraire ajouter à la gaieté. Le flirt devint général : on entendit de tous côtés des madrigaux galants chuchotés à l'oreille des danseuses qui les écoutaient derrière leurs éventails : « Vous en montrez juste assez, disait Saint Pierre à Sainte Thérèse, pour qu'on ait envie d'en voir davantage. » Saint Nicolas, retiré dans un coin avec Sainte Catherine, faisait des calembours humoristiques sur les seins de l'essaim des saintes. Saint Antoine s'était décidé à se lever ; il dit un mot au chef d'orchestre, et soudain les séraphins, avec un entrain endiablé, attaquèrent le quadrille d'Orphée aux Enfers. Le moyen de résister à la musique d'Offenbach : toutes les jambes s'agitèrent, se levèrent et se trémoussèrent en un cancan échevelé ; on ne se reposa que pour se rafraîchir et reprendre des forces. Pendant cet entr'acte, Sainte Cécile chanta les dernières créations d'Yvette Guilbert et Saint Pierre imita Kam-Hill. Puis les danses recommencèrent encore plus folles, et les couples ne s'arrêtèrent qu'au matin, vaincus par la fatigue.

L'aube était venue : par les pelouses que la rosée endiamantait, à travers les bosquets où le crépuscule déchirait ses derniers voiles, les saints reconduisaient les saintes. Les toilettes n'étaient plus aussi fraîches, mais des blonds cheveux flottaient dénoués, mais les mains s'enlaçaient amoureusement, les yeux souriaient et les lèvres appelaient les baisers. Il neigeait des fleurs d'aubépine et les oiseaux, s'éveillant, gazouillaient une chanson d'amour. Par les sentiers du Paradis marchaient les saints et les saintes. Saint Martin, pour ne pas en perdre l'habitude, avait jeté son manteau sur les épaules de sa compagne, et Saint Joseph n'avait pas emporté le sien, de peur d'être tenté de l'oublier.

Les bienheureux fraternisèrent tant que, neuf mois après, on baptisa nombre de petits saints et saintes : ce furent, comme dit Saint Pierre, les enfants du bal. Ce jour-là, le Père Éternel, après avoir donné à tout le monde l'absolution, jura — le Bon Dieu jure quelquefois — que jamais plus on ne danserait au Paradis.

Joë HANK.
Étudiant en Lettres.

DIALOGUE DES CHAPEAUX AU BAL DES ÉTUDIANTS

Saynéte fantastique tirée d'Aristote (Chapitre des Chapeaux)

A nos excellents amis LABARTHE et VIDEAU

PERSONNAGES : LA TOQUE DE GAIUS, LE TROIS-PONTS, LE BÉRET D'ÉTUDIANT, LE GIBUS, LE CRONSTADT

SCÈNE PREMIÈRE

La scène se passe dans le vestiaire du Grand-Théâtre. Il est minuit.

LA TOQUE DE GAIUS. — Mehercule ! Quel bruit assourdissant ! On se croirait au *forum* un jour de *bonorum venditio* ! Voilà deux heures que je me tourne dans tous les sens... Je ne puis reprendre mon sommeil interrompu... (Apercevant le Cronstadt) Tiens ! quel bizarre couvre-chef j'ai là pour voisin ! *Mirabile visu* ! Il dort ! *O fortunatum nimium ! Impavidum ferient ruinæ !* (Il le secoue) *Dic mihi, amice !*

LE CRONSTADT (se réveillant). — Bojé Tsara Krani !

LÉ TROIS PONTS. — L'hymne russe ! Chouett papa ! (apercevant la toque de Gaïus) Oh ! la la, c'te coiffure ! « O di'on gonze », d'où que tu sors, que j'te ramène !

LA TOQUE. — Par les Dieux ! Je crois que le maraud vient de m'appeler : le gonze ! *Ubi ego sum ?*

O Gaïus, Ulpien, Justinien, mes maitres,
Et vous, Cujas, Pothier, dignes de tels ancêtres,
Vous tous dont j'abritai les crânes déplumés,
Vous, immortels auteurs de ces livres aimés :
« Commentaires et lois, sentences, institutes »,
Avec qui je soutins jadis ces longues luttes
Pour le grand droit écrit contre le coutumier,
Aurais-je donc coiffé tant de jurisconsultes,
Et couvert même un jour Napoléon premier,
Pour me voir accabler sous d'ignobles insultes
En ce néfaste jour ? — *O Di immortales* !
Serais-je donc ici chez Méphistophélès ?

LE BÉRET D'ÉTUDIANT. — Mais comment se fait-il, ô maître vénéré, que vous vous trouviez dans ce séjour impur ?

LA TOQUE. — Hélas ! mon digne maitre, professeur de Pandectes, voulut achever ce soir avant d'aller au bal, le chapitre des Institutes « *De rebus incorporalibus* » (Dig. I. Inst. II, 2 pr.). Comme d'habitude, je sommolais doucement sur son chef vénéré. Sa lecture terminée et sans que je me réveillasse, il endossa son habit et *dulcia linquimus arva !* Ce ne fut qu'à l'entrée qu'il s'aperçut de sa fatale méprise et qu'il me confia aux soins de l'excellente Mme T... Mais mon sommeil fut interrompu et *dulcia non possum repetere somnia.*

(Tandis que la Toque parle, le Trois Ponts, voyant le Gibus fermé et le prenant pour un siège, veut s'asseoir dessus, mais le ressort se détend et le Trois Ponts est projeté dans l'air)

LE TROIS PONTS (retombant). — Ah ! le mandrin ! (Il se précipite sur le gibus et le frappe à visière raccourcie.)

LA TOQUE. (voulant les séparer). — *O tempora ! O mores ! Venite ante prætorem !*

LE TROIS PONTS. — Non ! Je veux lui coller une baffe ! Viens au pré, sale bic, que j'te mange le foie !

LE BÉRET (apercevant un képi de sergent de ville). — Pstt ! Pstt ! la rousse !

LE CRONSTADT (Pour détourner l'attention). — Bojé Tsara Krani !

Tous (se découvrant). — Bojé Tsara Krani ! (Le képi passe en grommelant).

LE BÉRET. — Un ban pour le Cronstadt ! Sans lui on nous coffrait. Mon vieux, permets-moi de te la briser. (Ils se serrent les bords).

LE CRONSTADT. — *Gratias tibi ago !*

LA TOQUE. — *Dii immortales !* Il parle latin ! *O terque, quaterque beatus sum !*

LE CRONSTADT. — *Non linguam gallicam, sed linguam romanam, loquor.*

LE TROIS PONTS. — Ah ! ah ! y disent la messe, les gonzes !

LE BÉRET. — Eh non, crétin, c'est pas la messe. Ils parlent latin, une langue universelle parce qu'elle est morte ou morte parce qu'elle est universelle, je ne sais pas au juste... comme qui dirait du volapuck, quoi ! ...

LE TROIS-PONTS. — Et quoi qu'c'est, le volapuck ?

LE BÉRET. — Ah ! zut !

LE TROIS PONTS. — Di'on, t'as pas fini de me corner ? T'as envie de te faire estomaquer ? Fais pas ta poire, vilain singe !

LE BÉRET. — J'te dis ! Tu voudrais t'en payer une trombine comme la mienne. A preuve que je suis crâne et galbeux, c'est que quand j'apparus, tout le monde a voulu m'arborer. Alors l'étudiant, ne pouvant plus faire ses épats m'a planté là, c'est ce qui fait qu'au lieu de me réjouir sur l'occiput de quelque joyeux drille, je me morfonds sur ma patère : *Patère Lisette quam nuptiæ....* (Poussant la toque de Gaïus du coude et lui montrant la capote de la dame du vestiaire) Dites donc, papa Gaïus, je crois qu'elle me fait de la plume.

LA TOQUE. — Peuh ! peuh !

LE BÉRET. — Cré nom ! Elle est gentille, la môme ! (à la Toque) Dites donc, l'ancêtre, est-ce que vous aimez le feutre faible ?

LA TOQUE. — *Ignoti nulla cupido.* Cependant j'avoue que j'ai failli devenir amoureux, il y a longtemps de ça, sous les Antonins...

LE BÉRET. — Ah ! ah ! contez-nous ça !

LA TOQUE. — *Infandum, O puer, jubes, renovare dolorem !* Voilà, c'était en 150, l'Italie était heureuse alors ! ...

(Ici un tapage infernal. — On entend une musique endiablée et des hurlements effroyables. — Une farandole nègre du Bal débouche en beuglant le Tu-ra-ra-boom. Pendant ce temps, la Toque de Gaïus jette de tendres regards du côté de la capote de la dame du vestiaire).

LE TROIS PONTS. — Y sont rien rigolos, les camaros ! La nounou du nègre est guère cholimbe ! (à la Toque) Pas vrai, l'ancêtre ?

LA TOQUE (un peu exité, regardant la capote). — *Habeo pectus plenum humoris cascadinæ.* (Aux autres). Si nous prenions un peu de falerne... J'ai une soif...

LE BÉRET. — Y a mieux. Je propose de déguerpir dare dare et d'aller briller.

LE TROIS PONTS. — C'est le plan ! Esbignons-nous !

LE GIBUS. — Oui, mais où ? Qui va casquer ?

TOUS. — Pas le rond !

LE BÉRET. — Une idée ! J'ai entendu dire par mon maître, membre de la commission du clou, qu'on avait installé un buffet dans le Palais de Béhanzin. A cette heure, tout le monde a dévissé, y a plus personne. Allons-y !

LE TROIS PONTS. — Chouett papa ! On va rien s'empiffrer ! Parait qu'y a du bon !

LE CRONSTADT. — *Bonus, bona, bonum.*

Tous en chœur (en se dirigeant vers le foyer d'été) :

Allons, enfants,	Mes vieux lapins.
Tirons-nous vivement !	Allons chez Béhanzin,
Au bal des étudiants	Et faisons du bouzin :
Faut qu'on s'gondole !	Faut qu'on rigole !

Exeunt.

SCÈNE II

(La scène représente le cabinet mystérieux du palais de Béhanzin. Les personnages sont autour d'une table couverte de fruits exotiques. Le Trois Ponts, juché sur la table, exécute, à la joie de tous, le pas des ciseaux de la *Belle-Allée*. — Au milieu de la scène se trouve le fidèle chameau de sa Majesté, immobile et paraissant indifférent à ce qui se passe autour de lui. Le Cronstadt est en faction à la porte pour prévenir ses amis de l'arrivée des intrus.)

LE BÉRET (frappant sur le tam-tam de Behanzin). — Un ban ! attention ! Un, deux, trois. (Ils battent le ban.)

LA TOQUE (au béret). — *Puer, va piger l'muscat ! Deus nobis hæc otia fecit.* (Chantant)

Emplissez ma coupe profonde,
Versez le falerne à la ronde !

(Grand air de Sigurd)

TOUS LES AUTRES. — Laïus ! Laïus !

LE BÉRET. — Oui, mais pas de latin, zut ! à l'amende d'un londrès chaque fois qu'il dira un mot de latin.

LE TROIS PONTS. — C'est le plan ! Dégote, va !

LA TOQUE DE GAIUS. — O hérétiques, vous n'avez pas un fil de soie dans les veines, pas le moindre poil dessus ! Vous êtes tous des chapeaux de paille ! — Soit pourtant, je veux bien laïusser, non pas dans votre jargon abominable, mais en vieux françois. « Or, doulx compaignons, escoutez. Je me sens tout matagrabolisé en mon esprit de proupous endiablés. Je prévoy que nous allons moult nous esbaudyr. Mes beaulx amis, je boy à vous tous de bien bon cœur ; je boy à vous aussi, belles absentes, vous que j'affie estre saffrettes, blondettes, doulcettes et de bonne grâce et que je regarde de cousté comme un chien reguarde un plumail. Allons, maistre sommelier, versez moy un grand hanaps plein de vin extravaguant. »

(Pendant qu'il parle, le Béret l'accompagne sur le tam-tam et le Trois Ponts continue sa gigue)

TOUS. — Bravo ! Bravo !

LE TROIS PONTS. — C'est égal, pour de la rigolade, c'en est. Et puis, c'est rien madure ici, les fistons !

LE BÉRET. — Extra madure ! Quand y aurait que le chameau... Oh ! une idée ! si on le saoulait, le chameau... C'est ça qui serait farce, un animal si sobre ! ...

LE TROIS PONTS. — Rien chouett ! On va bosser ! C'est moi qui va lui coller la goutte dans le fusil ! Faites-moi tous la courte échelle. (Ils montent tous les uns sur les autres, le Trois Ponts en haut).

(Le Chameau avale avec une visible satisfaction).

TOUS. — Allah ! allô ! allah ! allô !
Et voyez comme il pompe !

A cet air, le Chameau glousse doucement, et esquisse un petit pas.)

LE TROIS PONTS. — Très chouett ! Il va ginguer ! Allons, mon vieux, en place, pour le chahut.

LE BÉRET (fait résonner le tam-tam). — Le Chameau et le Trois Ponts partent. — Danse du Chameau en délire.

Tous (Air de : Ah ! quel nez !)

Quel chameau !
Quel chameau !
Y en a pas d'si rigolos ! (*bis*)

LE CRONSTADT. — Bodje tzara krani (Il rentre et fait signe que les sergents de ville arrivent.)

LE BÉRET. — Pincés ! *Pincati sumus !* Par où se tirer ?

LE GIBUS. — Je propose de monter sur cet animal et de filer sur lui.

LE BÉRET. — Toi, mon vieux, tu parles peu mais tu parles bien. C'est ça, en avant ! Après la fuite de Behanzin, la fuite de son Chameau. (ils montent et vont se nicher dans ses bosses.)

LE BÉRET (au chameau). Air de : *Ous qu'est la police ?*

Derrière ta bosse	Tandis qu'en cadence
Comme sur un veloce,	Not'chameau s'élance
Porte-nous, mon vieux,	Et qu'tous pleins et ronds
Loin de tous les yeux,	Nous nous la tirons,
De peur que la rousse,	Que fait la police ?
Sans façon	Elle vient pas.
Nous prenne et nous pousse	Ous qu'est la police ?
Au violon.	On n'sait pas. *Exeunt.*

VIDEAU & LABARTHE.
Étudiants en Droit.

THA-RA-RA-BOOM-DI-HÉ

À notre excellent oncle et ami Boom
ex-roi du Dahomey

1/ Bannissez la tristesse,
Le cœur plein d'allégresse
Accourez tous, riches manants
C'est le bal des Étudiants.
Pour vous être agréables,
Paraître plus aimables
Nous avons des moyens fort sûrs
Car Béhanzin est dans nos murs

Refrain

Tha-ra-ra-boom-di-hé
Voyez le chahuter   } bis
C'est Béhanzin premier
Tha-ra-ra-boom-di-ké

2/ Sur son chameau fidèle,
Serviteur plein de zèle,
Il est venu dans notre bal
Nous faire un peu de bacchanal,
Sa monture est affable
Et de forme agréable.
Jamais on ne vit à Bordeaux
De plus intéressants chameaux
— Refrain —
Tha-ra-ra-boom-di-hé... etc. etc.

3/ D'une belle stature,
D'une forte encolure
Au poil roux, à la large main,
Bel est ce monarque africain.
Quant à son origine,
Elle est toute divine,
Car on sait qu'il est officiel
Que l'oncle Boom est fils du ciel
— Refrain —
Tha-ra-ra-boom-di-hé...da..

4/ C'est dans le grand-théâtre
Qu'il établit son être
Amenant depuis Abomey,
Les merveilles du Dahomey
Admirez donc son trône
Que garde une amazone
Ses flèches et des devins
Qui sont surtout de vrais lapins
— Refrain —
Tha-ra-ra-boom-di-hé-etc.

5/ Homme à l'esprit morose,
Il ne voit rien en rose,
C'est conforme à son naturel,
Jamais on ne vit nègre tel.
Après votre conquête,
Qu'il est toujours en fête,
Rien désormais sont ses jours,
Il ne peut que ployer du noir
— Refrain —
Tha-ra-ra-boom-di-hé...etc.

6/ Mais, lorsqu'en audience,
Il montre sa science,
Boom nous apprend que "charité"
Rime toujours avec "gaieté"
En ce grand jour de fête,
Que chacun donc s'apprête
À répéter ou son frontieur
Ce refrain dicté par le cœur
— Refrain —
Tha-ra-ra-boom-di-hé...etc.

C. Pierre

HENRI A. ZO.

www.ingramcontent.com/pod-product-compliance
Ingram Content Group UK Ltd.
Pitfield, Milton Keynes, MK11 3LW, UK
UKHW020111100726
13658UKWH00005B/2106